CONTRIBUTION

A

L'ÉTUDE DE L'INFLUENZA

Par

Le docteur Marcel DELABROSSE.

(ÉPIDÉMIE OBSERVÉE DANS LE CANTON DE CANY EN 1890)

ROUEN

IMPRIMERIE EMILE DESHAYS ET Ce

58, rue des Carmes, 58

1892

CONTRIBUTION

A L'ÉTUDE DE L'INFLUENZA

CONTRIBUTION

A

L'ÉTUDE DE L'INFLUENZA

Historique.

Le mot influenza est, d'après le Compendium de médecine, le nom anglais de la grippe. Nous rappelons du reste plutôt à titre de curiosité, tous les synonymes de ce mot dans les diverses langues.

En France : grippe, grippette, follette, coquette, générale, baraguette, petite poste, horion, tac, dando, ladendo, allure, petit courrier, cocotte, rhume épidémique, fièvre catarrhale, fièvre catarrhale épidémique, catarrhe épidémique, synoque catarrhale, bronchite épidémique.

En Italie : catarro russo, morbo russo.
En Espagne : influencia russa, catarro epidemico.
En Angleterre : influenza, epidemic catarrh.
En Allemagne : epidemisher Husten, russiche Krankheit.
En Hollande : zinkingkoorts.
En Danemark : snuezyge.
En Suède : snufsjuka, snuffeber.

Il est assez difficile de déterminer les épidémies de grippe ou d'influenza qui ont sévi dans l'antiquité, car les auteurs anciens réunissaient sous la dénomination de maladies catarrhales, des affections très diverses. Nous donnons le tableau de celles qui (d'après le Compendium) ne paraissent être autre chose que la grippe ou influenza.

ANNÉES.	FOYERS.	AUTEURS.
876 et 1173	Toute l'Europe.	Naumann.
1239 et 1311	France.	Ozanam.
1323	Italie.	—
1357 et 1359	France et Italie.	Naumann.
1385	Allemagne.	Schnurrer.
1387	Toscane et Montpellier.	Valesco.
1403	France.	Etienne Pasquier.
1410	—	Schnurrer.
1411	Paris.	—
1414	France.	Mézeray et Et. Pasquier.
1427	—	—
1438	Vérone.	Carli.
1505	Italie et Espagne.	Gaspard Torella.
1510	—	Sennert.
1515 et 1543	—	Marcellus Donatus.
1555	France.	—
1557	France, Italie.	Et. Pasquier.
1580	Europe, Asie, Afrique.	Salius Diversus.
1590 et 1591	Italie.	Sansonius.
1593	France et Italie.	Ozanam.
1597	Naples.	Zacchia.
1627	Italie.	—
1647	Amérique du Nord.	Schnurrer.
1657	Londres.	Willis.
1663	Etats Vénitiens.	—
1669	Hollande et Allemagne.	Ettmuller.
1675	Allemagne.	Peu.
1676	Allemagne et Angleterre.	Ettmuller et Sydenham.
1679	France et Angleterre.	Ozanam.
1691	Allemagne et Suisse.	—
1695	Paris et Rome.	—
1699	Breslau.	—

ANNÉES.	FOYERS.	AUTEURS.
1702	Rome.	Baglivi.
1709	Prusse et Italie.	Lancisi.
1712	Tubingen.	—
1716	Espagne.	Naumann.
1729	Europe.	Hoffmann, Beccaria.
1731	Boston.	Perkins.
1732	Europe et Amérique.	Ozanam.
1742	Hollande, Angleterre, France, Italie.	Goelieke.
1745	Allemagne.	—
1753	Beauce.	—
1756	Littoral de la Manche.	—
1758	Ecosse.	—
1761	Italie.	—
1762	Europe.	—
1767	—	Lepecq de la Clôture.
1770	Champagne.	—
1775	Europe.	Stoll.
1780	France et Angleterre.	Ozanam.
1782	Russie.	—
1788	Paris et Vienne.	Careno.
1799	Russie.	—
1800	Lyon.	—
1802	France, Russie.	—
1827	Sibérie.	Wieger.
1847	—	H. Gintrac.
1860	—	—
1870	—	—

Telle est la longue liste des diverses épidémies qui, de mémoire d'homme, auraient sévi sur l'univers.

A propos de ces épidémies, citons ces quelques lignes de Lepecq de la Clôture, l'historien des maladies épidémiques en

Normandie, à propos de l'épidémie de 1767 : « La fluxion catarrheuse si connue sous le nom de grippe, vint fondre sur les habitants de Vire, et se propagea à un point que très peu de personnes en furent exemptes. Elle débutait avec tout l'appareil d'une très grande maladie, et portait une gêne considérable. » Ce tableau n'est-il pas d'une ressemblance parfaite avec tous ceux que l'on pourrait faire de l'influenza de 1889 ?

Dans la plupart des auteurs qui ont étudié ces épidémies, aucune distinction n'est faite entre la grippe proprement dite et ce que l'on est convenu d'appeler l'influenza. Aussi bien, devons-nous établir une réelle différence entre la grippe et l'influenza ? Nous ne le croyons pas ; c'est là d'ailleurs un point que nous nous proposons d'examiner d'une façon plus approfondie au chapitre du Diagnostic.

Pathogénie.

D'après Nothnagel (Soc. império-roy. des médecins de Vienne, 3 janv. 1890), l'influenza est produite par une bactérie ou mieux par une ptomaïne fabriquée par une bactérie. La nature infectieuse de l'influenza en fait mieux comprendre la marche et le tableau clinique : suivant l'organe atteint par le poison et suivant la résistance variable de ces organes, le tableau clinique change.

Voici les conclusions émises par M. Vaillard à la Société médicale des Hôpitaux (24 janv. 1890) :

« 1° Chez les sujets qui succombent à la grippe, on trouve un streptocoque dans le sang, la rate, les poumons ou les liquides épanchés. Trois fois sur quatre, le microbe était absolument seul ; dans un cas, la rate contenait, en outre, le staphylocoque pyogène. »

« 2° Dans les empyèmes consécutifs à la grippe, on trouve et uniquement un streptocoque. »

« 3° Le même streptocoque est constant dans les crachats des sujets atteints de la grippe. »

En raison de la fixité des résultats obtenus, M. Vaillard serait porté à croire que ce micro-organisme joue un rôle important dans la pathogénie de la grippe.

Pour M. Chantemesse, le streptocoque de M. Vaillard ne peut pas être considéré comme la cause efficiente de la grippe, et l'organisme pathogène de la grippe est encore à découvrir.

Laissons parler M. le professeur Bouchard (Acad. de méd., 28 janv. 1890) : « Ce n'est pas un microbe pathogène que j'ai trouvé dans la grippe, c'est trois : deux de trop, si l'on voulait découvrir l'agent spécifique de la grippe. Mais à chacun d'eux correspondent des localisations particulières, et tous trois sont des microbes, habitants naturels de nos cavités, qui, sous l'influence des causes de la grippe, ou sous l'influence de la grippe elle-même, ont pu franchir les barrières qui, d'ordinaire, les empêchent de pénétrer dans nos tissus ou dans le sang. J'ai trouvé dans le liquide de l'herpès labial, en le puisant dans des vésicules intactes et datant à peine de quelques heures, le straphylococcus pyogenes aureus, que d'autres ont trouvé dans le poumon et ailleurs, et qui est l'un des organismes des pneumonies.

J'ai trouvé le pneumocoque, agent pathogène d'un grand nombre de pneumonies vulgaires, mais qui peut produire aussi les pleurésies, les arthrites, les méningites, les otites, et qui, signalé déjà dans les pneumonies grippales, a été, dans cette dernière épidémie, trouvé dans le plus grand nombre des pneumonies, mais non dans toutes.

Enfin, j'ai trouvé dans le mucus le streptocoque que d'autres ont trouvé dans quelques pneumonies, que j'ai constaté aussi dans deux pneumonies suppurées. C'est l'organisme inférieur dont l'existence a été le plus fréquemment reconnue dans les produits pathologiques de la grippe, au cours de cette dernière épidémie.

Le streptocoque de la grippe n'est autre que celui de l'érysipèle, et par conséquent de la fièvre puerpérale, de l'infection purulente, des pseudo-rhumatismes. Ce fait nous explique comment la bronchite grippale peut se compliquer de pneumonies à streptocoques, de pleurésies suppurées, d'arthrites, de méningites. »

En résumé, la grippe paraît être de nature infectieuse, et comme on le voit d'après ce qui précède, on a découvert plusieurs agents infectieux. Mais quel est, parmi eux, l'agent pathogène et vraiment spécifique de la grippe ? c'est ce que nous ignorons jusqu'à ce jour.

Etiologie.

L'influenza semble atteindre tous les sujets sans distinction d'âge ni de sexe. Toutefois, un certain nombre de médecins ont cru reconnaître une certaine prédilection de la maladie pour les sujets masculins et adultes. C'est l'opinion du Dr Raoul Brunon qui vient d'adresser à la Société de médecine de Rouen un rapport sur l'épidémie actuelle, rapport basé sur les renseignements que lui ont fournis un certain nombre de médecins du département.

M. Comby (Société médicale des hôpitaux, 7 février 1890), a observé pendant les mois de décembre et de janvier derniers 218 enfants atteints de grippe : 124 filles et 194 garçons. « Aucun âge, dit-il, n'est à l'abri de la grippe ; cependant, les nouveaunés jouissent d'une immunité relative. Sur mes 218 malades, 48 étaient âgés de moins de 2 ans, 76 de 2 à 5 ans, 94 de 5 à 15 ans. D'après mes évaluations, la population infantile de Paris aurait été atteinte dans la proportion de 40 %, et la population adulte dans la proportion de 60 %. »

Pour moi, j'ai eu à soigner 151 malades atteints d'influenza qui se répartissent comme il suit :

- 122 Adultes { 54 hommes. / 108 femmes.
- 2 Vieillards = 2 femmes.
- 27 Enfants { 16 garçons. / 11 filles.

Comme on le voit, pour ma circonscription, les femmes ont été atteintes en plus grand nombre que les hommes, et je ne sais si vraiment la question du sexe joue un bien grand rôle dans l'étiologie de l'épidémie actuelle.

L'influenza semble se développer de préférence dans les agglomérations d'individus, nous l'avons pu voir en France : grands Magasins du Louvre, service des postes et télégraphes, service des chemins de fer.

Le Dr Gaston Dupré, de Belgique (Sem. méd., 1889, p. 471), faisait la même observation. « L'épidémie a attaqué le personnel des théâtres et celui des grandes administrations, telles que la Banque nationale, les bureaux de la poste et du télégraphe, et s'est introduite dans les casernes et postes de garde où elle a atteint jusqu'aux 2/3 des hommes présents. »

Pour M. Leyden (Soc. de méd. int. de Berlin, 6 janvier 1890), l'influenza frappe surtout les personnes déjà atteintes d'autres maladies, bronchite, asthme, affection cardiaque, tuberculose, néphrite, pneumonie. Cette assertion a besoin de nouvelles preuves.

L'influenza semble, dans la plupart des épidémies qui ont été relatées, nous venir du nord-est. Cette fois encore, elle a débuté par Saint-Pétersbourg, pour envahir ensuite la Russie, l'Allemagne et enfin la France, où Paris a été le premier atteint dans la première quinzaine de décembre.

Cette épidémie s'est-elle ainsi propagée par contagion d'homme à homme, ou par un miasme répandu dans l'atmosphère où chacun a puisé le germe délétère ? C'est là une question qui a soulevé bien des discussions dans toutes les sociétés savantes, entre les médecins qui ont cherché à élucider ce point capital de l'étiologie.

« Pour la dengue, dit M. le professeur Bouchard (Acad. de méd., 17 déc. 1889), la contagion est évidente, il n'en est pas de même pour la grippe. La grippe frappe, il est vrai, un très grand nombre d'individus, mais c'est là une preuve qu'elle n'est pas contagieuse. » M. Bucquoy soutient la même opinion. M. Colin regarde la grippe comme une affection relevant des conditions atmosphériques extérieures et indépendante de la contamination humaine.

M. Hirsh (Soc. de méd. int. de Berlin, 10 déc. 1889), fait mention d'une épidémie qui éclata à bord d'un vaisseau à destination de la Chine et qui avait quitté depuis plusieurs semaines déjà, un port européen ; l'influenza envahit l'équipage en pleine mer, mais en abordant Canton, tous les malades se rétablirent, bien qu'à Canton la même épidémie régnât dans la population au moment où elle frappait l'équipage du navire. Il semble donc qu'il ne s'agisse pas d'un miasme développé localement, mais plutôt d'un virus ubiquiste qui naît et meurt en même temps sur des points du globe très différents.

Pour M. Furbringer, la contagion n'existe pas non plus ; il n'a pas isolé ses malades, et malgré cela il n'a eu qu'un seul cas intérieur sur mille malades reçus à l'hôpital pour diverses maladies. Aucun médecin ne l'a contractée; un très petit nombre seulement d'infirmiers et d'infirmières en ont été atteints. D'après le même auteur, la maladie se propage par un miasme vivant.

M. Becher ne comprend pas qu'on veuille expliquer par un principe contagieux une épidémie qui a éclaté simultanément sur les points les plus différents de Berlin et de l'Allemagne.

M. Leyden compare avec M. Becher les effets de l'épidémie à ceux que produirait l'ouverture d'une boîte de Pandore répandant sur le monde les principes nocifs jusque-là enfermés, et infectant un grand nombre d'humains à la fois. Pour lui, il s'agit en effet d'une affection miasmatique, parce que, d'une part, il ne connaît pas d'observation établissant d'une façon irréprochable un cas de contagion, et parce que, d'autre part, l'épidémie présente une extension énorme et affecte d'une façon à peu près simultanée toute l'Europe.

Après avoir énuméré les principaux arguments invoqués pour prouver la non-contagiosité de la grippe, je vais maintenant aborder la contre-partie, et montrer les raisons qui militent en faveur de la contagiosité de la grippe.

Et d'abord, M. le professeur Bouchard, à la séance du 28 janvier de l'Académie de médecine, expose ainsi les documents qui lui ont été transmis par le Dr Tueffert, de Montbéliard : « Le 6 décembre, un habitant de Montbéliard, de passage à Paris, reste pendant une grande partie de la journée dans une infirmerie où étaient soignés des malades atteints de grippe. De retour à Montbéliard, il est frappé par l'épidémie le 13. Le 17, ses deux filles sont affectées du même mal. Le 19, c'est le tour du fils. Le 20, un ami de ce jeune homme avec lequel il est en relations quotidiennes, devient malade. Le 21, le père de ce dernier est pris. Le 23, le beau-frère du dernier a la grippe à son tour. Le même jour, la femme du premier malade est atteinte en même temps que trois jeunes gens, parents ou amis des derniers. »

D'après le professeur Grasset (Sem. méd. 1889, p. 471), le premier cas de grippe à Montpellier, a été signalé le 9 décembre, chez un malade arrivé la veille de Paris ; il avait été visiter, les jours précédents, les Grands Magasins du Louvre.

D'après Hirsh (Loc. cit.), dans un couvent de femmes, à Charlottenbourg, dont les membres (il y en a plus de cent), ne doivent jamais franchir le seuil de la porte, et où la communication avec le monde se fait par des femmes, mais seulement d'une façon indirecte, et où deux hommes seulement, le prêtre et le médecin, ont des rapports directs avec les habitants du couvent, il n'y a eu aucune personne du couvent atteinte d'influenza, quoique l'épidémie régnât à Charlottenbourg. Hirsh croit donc que l'influenza est transmissible d'homme à homme.

M. Kleist (Soc. de méd. int. de Berlin, 10 déc. 1889), a traité une série d'individus qui, pendant le jour, restaient ensemble dans des salles peu spacieuses. Ils furent atteints de la grippe l'un après l'autre. En rentrant chez eux, leurs femmes et leurs enfants contractèrent la grippe. Il semble donc qu'il faille admettre un principe contagieux.

M. le professeur Proust (Acad. de méd., 4 fév. 1890), communique le fait suivant dû au D^r d'Hoste, médecin à bord du *Saint-Germain* : « Ce navire parti le 2 décembre de Saint-Nazaire, embarqua à Santander un passager venant de Madrid ; dès le lendemain de son arrivée, il fut pris de grippe, alors que l'état sanitaire du paquebot avait été jusque-là excellent. Quatre jours après, le D^r d'Hoste fut pris de grippe, puis deux jours après, ce fut le tour d'un soutier, puis la maladie s'est généralisée ; 154 passagers sur 436 ont été pris, en outre 47 matelots, soit en tout 201 malades.

M. Antony (Soc. méd. des Hôp., 14 fév. 1890), a reçu du 4 au 30 décembre, 65 malades atteints, et a relevé, en outre, 15 cas intérieurs. Il ressort nettement du rapprochement des dates d'entrée et d'invasion que 11 des cas intérieurs sur 15, se produisirent de 1 à 4 jours après l'installation d'un grippé dans un lit voisin.

A l'hôpital Broussais, M. Barth a également observé une épidemie intérieure très nette. D'autre part, le mode de diffusion de la maladie concorde parfaitement avec l'idée de contagion. En effet, dans tous les pays où elle a sévi, c'est la capitale qui a été frappée tout d'abord, puis les villes secondaires et enfin les campagnes. Cette marche suppose un rayonnement du contage en rapport avec les communications inter-humaines, plutôt qu'avec la direction des vents.

Comme on le voit, des opinions absolument contradictoires ont été émises sur la contagiosité et la non-contagiosité de l'influenza. Nous nous proposons de joindre nos observations personnelles à celles qui ont déjà été communiquées, et qui viennent à l'appui de la première opinion.

L'influenza qui sévissait depuis trois semaines environ à Paris et dans les grands centres de population, était restée inconnue dans notre région jusqu'au jour où deux habitants du canton partent pour Paris. A leur retour, tous deux présentent les symptômes de l'épidémie ; leurs femmes sont prises consécutivement, et l'un deux voit en outre ses domestiques atteints également par l'influenza. A la même époque, deux personnes reçoivent des envois des Magasins du Louvre où l'épidémie était à son apogée, et la fille de l'une d'elles ne tarde pas à en être atteinte. En outre, cette même personne qui avait contracté l'influenza au reçu d'un envoi du Louvre, a eu depuis cette époque deux récidives, et chacune de ces récidives n'est apparue que lorsqu'un des membres de la maison venait d'en être atteint.

A dater de ce jour, l'influenza se répand chez nous ; aucune commune n'en est exempte. La maladie frappe principalement dans ses débuts les employés de la compagnie du chemin de fer qui se trouvent naturellement en rapport avec des voyageurs arrivant de centres infectés.

Chez l'un de nos clients, habitant d'une commune que l'épidémie n'avait pas encore atteinte, un des enfants va chez le pharmacien d'un canton voisin où règne l'influenza ; le lendemain elle présente de la céphalée, de la myalgie, de l'anorexie, etc., en un mot tous les symptômes de la maladie régnante, et est obligée de se mettre au lit.

En outre, dans un grand nombre de maisons où nous avons

été appelés, tous les habitants de la maison sont pris successivement dès que l'un d'eux a été atteint. Ainsi, pour ne citer qu'un exemple, dans une famille, une des filles est atteinte ; sa grand'mère qui habite un hameau voisin vient la voir ; le lendemain, influenza chez la grand'mère ; les jours suivants, trois frères, puis la mère, présentent les mêmes symptômes.

D'ailleurs, sur les 151 cas que nous avons observés, 100 cas se répartissent sur 31 familles seulement ; on voit ainsi, combien, lorsque la maladie était une fois entrée dans une maison, peu de membres étaient épargnés.

On me répondra, sans doute, que la maladie étant épidémique, les divers membres de chaque famille sont exposés aux mêmes conditions climatériques, et conséquemment en éprouvent les mêmes effets. Mais alors, pourquoi ces miasmes répandus dans l'air, attendent-ils pour infecter les habitants de cette région, que deux d'entr'eux aient été chercher à Paris le germe infectieux, que deux autres aient reçu des envois de magasins infectés, que la grand'mère ait été voir sa petite-fille malade ? Et pourquoi tous les membres d'une même famille ne tombent-ils pas malades simultanément, puisqu'ils respirent le même miasme, mais seulement lorsque l'un d'entr'eux leur a importé et communiqué le germe infectieux ?

Voici d'ailleurs le tableau des familles les plus éprouvées :

```
5 cas : père, mère, 2 domestiques, grand'mère.
6  —   1 fille, 3 fils, mère, grand'mère.
4  —   2 domestiques, 2 maîtres.
4  —   2 frères, 1 sœur, la bonne.
5  —   mère, 2 filles, 2 garçons.
4  —   1 nièce, 1 fille, 1 fils, la mère.
4  —   1 fille, 2 fils, la mère.
4  —   père, mère, 2 enfants.
4  —   père, mère, belle-sœur, 1 fils.
4  —   père, mère, grand'mère, 1 bonne.
4  —   1 fille, 1 fils, 2 domestiques.
5  —   père, mère, 3 enfants.
4  —   père, mère, 2 fils.
```
TOTAL 57 cas.   13 familles.

Le début de la maladie, son mode de propagation, semblent donc militer en faveur de la contagiosité de la maladie. C'est d'ailleurs l'opinion de la majorité des médecins de notre département, comme le prouve le rapport du Dr Brunon (Loc. cit.).

Symptomatologie.

L'influenza, dans le plus grand nombre des cas, est annoncée pendant deux ou trois jours, par quelques prodromes : lassitude, diminution de l'appétit, céphalée légère. Quelquefois cependant, le début est absolument brusque : une de mes clientes se promène toute l'après-midi en voiture sans éprouver aucun malaise ; le soir, en rentrant chez elle, elle est prise de violentes douleurs dans les jambes qui la forcent à prendre le lit ; le lendemain matin, la cuisinière, au milieu de son travail, éprouve une violente douleur dans les genoux, et est obligée également de se mettre au lit.

Qu'il y ait eu ou non des prodromes, la maladie débute par une céphalalgie intense qui force le malade à suspendre toute occupation ; les facultés intellectuelles sont émoussées, la force musculaire considérablement diminuée, et il faut que le malade fasse un effort pour aller seulement d'une extrémité à l'autre de sa chambre ; il éprouve dans les bras, les reins et la région supérieure des cuisses, des douleurs vagues qui lui rendent tout mouvement encore plus pénible.

Un ou plusieurs frissons, une hyperthermie intense atteignant parfois 39° ou 40° accompagnent la céphalalgie du début. L'anorexie est ordinairement complète.

Au bout de deux ou trois jours, la céphalalgie est généralement disparue, ou tout au moins considérablement diminuée ; la myalgie au niveau des lombes et des membres supérieurs et inférieurs persiste davantage.

On voit alors survenir de nouveaux symptômes, et suivant l'appareil sur lequel ces symptômes se localisent spécialement certains auteurs ont distingué trois formes de grippe :

> Type thoracique ;
> Type gastro-abdominal ;
> Type nerveux.

Ce sont les voies respiratoires qui sont le plus fréquemment atteintes ; les angines et les bronchites sont chose commune ; nombre de malades sont pris de dyspnée, de toux suivie d'expectoration muco-purulente.

Si la grippe revêt le type gastro-abdominal, on voit une diarrhée parfois excessive. Une de mes malades avait jusqu'à vingt selles en vingt-quatre heures. Les vomissements peuvent remplacer ou accompagner cette diarrhée. Holz (Soc. de méd., Berlin, 8 janv. 1890), cite le cas de deux sœurs âgées de six et trois ans et demi, qui furent atteintes d'une entérite cholériforme si grave qu'elles furent prises de convulsions et perdirent connaissance pendant vingt-quatre heures.

Reste le type nerveux de la grippe : pour mon compte, je ne l'ai rencontré que deux fois ; il était caractérisé dans les deux cas par une névralgie rebelle de la branche sus-orbitaire du trijumeau. Holz (Loc. cit.), cite un homme âgé de 36 ans qui souffrait de violents maux de tête rebelles à toute thérapeutique, ces maux de tête se changèrent bientôt en névralgies de la première et de la seconde branche du trijumeau gauche.

Le même auteur rapporte le cas d'un homme de 31 ans qui, à la suite d'une récidive d'influenza, eut un accès de suffocation avec gêne de la déglutition, causée par une tuméfaction inflammatoire de la moitié droite de la glande thyroïde. Pendant le développement de la tumeur, le malade se plaignit de douleurs de dos et de prostration ; en outre il eut des sueurs abondantes. La rate n'était pas tuméfiée. En même temps que la tumeur apparut, il s'aperçut d'une légère proéminence des deux globes oculaires. On aurait pu croire qu'il s'agissait d'un goître exophthalmique à forme aiguë si l'augmentation de fréquence du pouls n'avait pas été en rapport avec une élévation de température, et si le phénomène de Graefe n'avait pas fait défaut. Le troisième jour après l'apparition de la tumeur, Holz constata un ptosis à droite, mais sans aucune paralysie des muscles de l'œil, et, au lieu d'une dilatation, il vit, au contraire, un rétrécissement très prononcé de la pupille droite. Ce malade avait été affecté pendant les cinq dernières années d'une forte hyperhydrose de la moitié droite de la tête. Au moment du développement des symptômes décrits sur l'œil droit, l'hyperhydrose se changea en anhydrose, tandis qu'en même temps une hyperhydrose gauche compensatrice se développait. Ces symptômes sont, d'après Holz, consécutifs à une paralysie du sympathique cervical droit dépendant de la compression exercée par la tumeur. Après la guérison de l'influenza, la tumeur thyroïdienne présentait à peu près la grosseur d'un œuf d'oie.

Ewald (Soc. de méd. int. de Berlin, 6 janv. 1890), a vu un jeune médecin atteint d'influenza ; une fois la fièvre passée, il se déclara une névralgie du trijumeau et un empyème de l'antre d'Hygmore. Ce malade fut bientôt pris de douleurs et mourut. A l'autopsie, on trouva une méningite purulente de la base.

Henri Huchard (Soc. méd. des Hôp., 24 janv. 1890), signale la grippe cardiaque qui se manifeste par des lypothymies, des syncopes, de la lenteur du pouls, des accès d'arythmie ou d'intermittences cardiaques, enfin par des symptômes graves de collapsus cardiaque, et quelquefois même par des accidents douloureux, ressemblant de loin à l'angine de poitrine, et qu'il attribue à des troubles survenus dans l'innervation du cœur. Il rappelle à ce sujet que le Dr Vovart, de Bordeaux, avait cherché à prouver, dès l'année 1881, que la grippe est surtout caractérisée par une sorte de névrose du pneumogastrique.

Remak, (Soc. de méd. de Berlin, 29 janv. 1890), a vu un homme atteint de névrite multiple à la suite d'influenza.

Henoch (eod. loc.), a vu une petite fille atteinte d'une paralysie totale du bras gauche consécutive à l'influenza.

Joffroy (Soc. méd. des Hôpit., 28 mars 1890), a observé chez un homme de 34 ans, sobre, d'un tempérament nerveux et présentant un léger degré de strabisme, du délire avec agitation maniaque ayant duré deux semaines, et s'étant terminé rapidement par la guérison.

Sevestre (eod. loc.), relate deux observations de grippe avec accidents méningitiques chez une petite fille de 8 ans et chez un enfant de 4 ans.

Joffroy relate également six cas de névralgie scapulo-humérale, immédiatement consécutifs à une attaque plus ou moins forte d'influenza. Chez deux des malades, il y avait une atrophie évidente du deltoïde, surtout de la portion épineuse des muscles sus et sous-épineux et du grand pectoral ; chez un seul, l'atrophie s'observait également dans le biceps. Dans tous ces muscles, la contractilité galvanique était plus forte qu'à l'état normal. Cette atrophie était donc bien de nature dégénérative et consécutive à une névrite.

Bien d'autres symptômes ont été observés dans la grippe, et l'on pourrait presque dire qu'il n'en est pas un que l'on n'y ait rencontré. J'ai observé fréquemment des épistaxis, particulièrement chez les enfants, et une seule fois des hémoptysies chez un homme de 50 ans, robuste, n'ayant jamais éprouvé cet accident et absolument indemne de toute lésion pulmonaire. Des éruptions multiples ont été rencontrées. Ewald signale (Loc. cit.) un purpura hémorrhagique chez une femme de 50 ans. Drashe (Soc. império-roy. des méd. de Vienne, 7 mars 1890), a observé des éruptions analogues à celle de la rougeole sur le voile du palais et le pharynx.

M. Barthélemy (Cong. de dermatologie, avril 1890) a rencontré, pendant la dernière épidémie, des éruptions qu'il considère comme des complications ou de simples coïncidences telles que l'orgeolet, l'anthrax, le furoncle, l'herpès, le zona, les rappels d'eczéma, etc. En revanche, il a constaté avec plus de fréquence des exanthèmes variés (érythèmes morbilliformes ou scarlatiniformes), qu'il regarde comme constituant un symptôme direct de l'affection, et qu'il compare aux rash de quelques fièvres éruptives, car ils en ont l'aspect et la fugacité.

M. Baumler (Cong. de méd. intern. de Vienne, avril 1890), de Fribourg, signale la coloration subictérique de la peau. Il constate que le sang présente une diminution de richesse en hémoglobine sans hypoglobulie. Enfin, d'après le même auteur, l'urine renferme généralement peu d'urobiline, moins en tous cas que chez les ictériques. D'après M. le professeur Hayem (Soc. méd. des Hôpit., févr. 1890), tous les grippés sans exception qu'il a observés étaient urobilinuriques. Cette urobilinurie avait une intensité en rapport avec l'importance des manifestations grippales.

L'influenza est, en général, d'assez courte durée ; j'ai même vu des malades absolument remis au bout de quarante-huit heures. Mais, en moyenne, la durée de la maladie est d'un septenaire, époque à laquelle le malade entre en convalescence, convalescence qui est parfois fort longue comme nous le verrons plus loin, mais étudions auparavant les complications qui peuvent la retarder.

Les complications de l'influenza sont fréquentes et variées ; elles affectent de préférence les voies respiratoires : telles sont la pneumonie, la bronchite, la bronchite capillaire, la bronchopneumonie. On a également rencontré des otites, de la péricardite, du rhumatisme, de la péritonite (Laveran), la pérityphlite (Féréol), un cas de myélite ascendante aiguë nerveuse chez un homme de 63 ans, cachectique, morphinique et surmené (id.), deux cas de phlébite (Ferrand); du côté des yeux la conjonctivite, l'œdème des paupières, des abcès de la paupière supérieure. M. Brunon (Loc. cit.), a observé deux cas de myosite ; l'une du grand fessier et du grand pectoral droits, l'autre du sterno-mastoïdien gauche avec guérison. Le Dr Delabost (eod. loco.), rapporte deux cas de dyspnée très menaçante chez des asthmatiques.

Telles sont les nombreuses complications de la grippe. Mais dans les cas mêmes où les complications font défaut, la convalescence est en général fort longue, et peut se prolonger pendant des semaines et même des mois. Les malades conservent de la lassitude générale et de l'anorexie. J'ai observé particulièrement cette lenteur à obtenir la guérison chez les arthritiques, et deux d'entr'eux ont éprouvé consécutivement à l'influenza des vertiges qu'ils n'avaient jamais ressentis auparavant. La teinte subictérique persiste souvent longtemps chez les malades bien qu'il n'y ait chez eux aucun antécédent hépatique, et qu'ils ne présentent actuellement aucun symptôme du côté du foie.

Voici comment M. Henri Huchard décrit la convalescence de la grippe (Soc. méd. des Hôpit., mai 1890) : « La grippe entraîne pendant son cours, et même à sa suite, un état remarquable de dépression physique, intellectuelle et morale.

La faiblesse musculaire peut être extrême, l'intelligence a perdu de son activité, et même au point de vue moral, les facultés ont sensiblement baissé. Cette neurasthénie postgrippale, aiguë, généralisée peut se localiser sur certains organes, en particulier sur l'estomac (anorexie, vomissements), sur l'appareil circulatoire (faiblesse des contractions ventriculaires, lenteur ou rapidité du pouls, embryocardie).

L'asthénie postgrippale peut se localiser aussi sur l'appareil musculaire des bronches et cette asthénie bronchique peut aboutir rapidement aux accidents mortels décrits autrefois par Graves. La bronchoplégie grippale est un facteur important qu'il ne faut jamais perdre de vue dans le cours des complications pulmonaires de l'influenza.

Enfin en plus des asthénies cardiaques, pulmonaires, gastriques, cérébrales, il faut encore citer l'asthénie médullaire, qui peut se localiser sur le centre génito-spinal, et donner lieu à une asthénie génitale très accusée.

Un fait important à signaler : cette asthénie générale ou ces asthénies localisées ne sont pas toujours en rapport avec la sévérité ou la gravité des attaques de grippe. Bien au contraire, il est souvent arrivé que des individus sans fièvre, sans localisation catarrhale ou inflammatoire, ont été atteints progressivement de ce que j'ai désigné sous le nom d'état grippal, caractérisé par cet état de fatigue morale, intellectuelle ou physique signalé plus haut. »

Quant à la terminaison de l'influenza, elle est d'ordinaire bénigne, bien que certains auteurs l'aient accusée de causer la mort chez un grand nombre de vieillards. Ce qu'il serait peut-être juste de dire, c'est que les maladies survenues pendant le cours de l'épidémie, ont été comme entachées d'influenza, et ont présenté en conséquence des symptômes anormaux et un pronostic plus grave : telle, par exemple, la dothiénentérie.

Les rechutes sont fréquentes, mais j'ai eu en outre à observer un grand nombre de récidives. La récidive était ordinairement unique dans mes observations personnelles ; dans un seul cas, j'ai vu l'influenza réapparaître trois fois chez le même sujet.

Anatomie pathologique.

Les conditions où je me trouve situé ne me permettant pas de faire aucune recherche de cette nature, je me contenterai de résumer ce qui a été dit à ce sujet.

Chez deux femmes ayant succombé à la grippe avec pneumonie ou broncho-pneumonie dans le service de M. le professeur Jaccoud (Acad. de Méd., 11 févr. 1890), l'autopsie a démontré une hépatisation fibrineuse lobaire dans le premier cas, en noyaux disséminés dans le second. Chez un homme ayant succombé à la grippe avec bronchite capillaire, c'était une bronchite capillaire sans noyaux d'hépatisation.

Chez deux malades ayant succombé à des pneumonies survenues au cours de la grippe (Gaucher, Soc. méd. des Hôp., 14 mars 1890), la lésion pulmonaire avait absolument l'aspect macroscopique d'une pneumonie lobaire arrivée à l'hépatisation grise, et cependant l'examen microscopique fit voir que cette lésion devait être rapportée non à la pneumonie franche, mais à la broncho-pneumonie. C'était une broncho-pneumonie massive, pseudo-lobaire, caractérisée surtout par l'abondance des leucocytes qui remplissaient les alvéoles pulmonaires et les bronchioles. Des cultures qui ont été pratiquées, il résulte qu'il existe certainement des broncho-pneumonies grippales, d'aspect pneumonique, qui ne sont causées ni par le pneumocoque, ni par le streptocoque.

Diagnostic.

L'hyperthermie, la céphalée, l'inappétence et la sécheresse de la langue qui marquent le début de l'influenza, peuvent en imposer de prime-abord pour une dothiénentérie. Mais on observe, en outre, dans l'influenza, une myalgie généralisée que l'on ne rencontre pas d'ordinaire dans la maladie typhique et qui simule plutôt la rachialgie de la variole. Puis on ne voit pas apparaître dans les jours qui suivent le gargouillement dans la fosse iliaque, les taches rosées lenticulaires, etc.

L'influenza et la fièvre dengue sont-elles deux affections distinctes ? L'une et l'autre opinion ont trouvé des défenseurs. Voici l'opinion de M. le professeur Proust (Acad. de Méd., 17 déc. 1889) :

« La dengue, probablement originaire des zones torrides, a de la tendance à se propager aux régions les plus tempérées ; elle possède une grande puissance de dissémination, ne respecte aucun âge, aucune constitution, aucune race, dans quelques cas frappe deux ou trois fois le même sujet à quelques jours d'intervalle.

A propos de l'épidémie qui sévit actuellement à Paris, le mot dengue a été prononcé ; sans doute, en faveur de cette opinion, on peut faire valoir :

1° La prostration du début, l'aspect du visage empourpré, presque œdématié, et présentant parfois un érythème diffus ;

2° L'éruption scarlatiniforme, rubéoliforme ;

3° Le rash, l'aspect de la gorge, le caractère rhumatoïde de l'affection.

On pourrait dire, en outre, que la dengue est une maladie protéiforme, que le climat tempéré et froid lui imprime une modalité différente et atténue ses manifestations et sa durée. Il faut remarquer, toutefois, que la dengue n'a pas dépassé jusqu'ici le 45° de latitude nord et le 21° de latitude sud ; elle avait toujours coexisté avec l'extrême chaleur et l'extrême humidité ; même dans les pays chauds, c'est une maladie d'été ou d'automne. En outre, lorsqu'une maladie envahit pour la première fois, elle est remarquable par sa sévérité. D'autre part, on n'observe pas dans l'épidémie actuelle cet aspect de la langue large et chargée, si souvent signalé dans les épidémies de dengue, la douleur spéciale si caractéristique des genoux qui donne un aspect particulier à la démarche, la douleur des reins si vive que le malade retarde aussi longtemps qu'il le peut le moment de la défécation. En outre, jamais on n'a noté dans la dengue la détermination de l'appareil respiratoire qui a été observée chez un certain nombre de malades pendant l'épidémie actuelle. Enfin, on n'a pas signalé encore les sueurs fétides, la desquamation et les démangeaisons intolérables qui ont été observées jusqu'ici. Dans la dengue également, la convalescence n'est pas rapide ; il n'y a pas d'affection qui, présentant une durée aussi courte, s'accompagne longtemps encore d'une très grande débilité.

D'un autre côté, on a cité un certain nombre d'épidémies de grippe ou d'influenza, remarquables comme celle-ci par le peu de phénomènes de catarrhe, et l'on a signalé aussi dans quelques-unes d'entr'elles des éruptions polymorphes semblables à celles que nous avons constatées chez quelques malades.

En résumé, l'épidémie qui règne en ce moment à Paris ne présente pas tous les caractères classiques et ordinaires de la grippe telle que nous sommes habitués à l'observer ; c'est surtout une grippe à forme ou prédominance nerveuse. Mais l'épidémie n'offre pas davantage l'ensemble des caractères de la dengue signalés par les médecins qui l'ont vue dans les pays où elle règne. Ce qui augmente encore la difficulté, c'est que, pour certains épidémiologistes, la dengue serait l'influenza des pays chauds, ayant son foyer d'origine et de rayonnement dans la zone inter-tropicale, comme la grippe aurait le sien dans les régions circumpolaires. »

« Quel nom, demande Brouardel, convient-il de donner à cette épidémie ? Un grand nombre de médecins semblent embarrassés et n'osent pas l'appeler grippe, parce que les malades ne présentent pas de catarrhe pulmonaire. Il suffit de reprendre l'histoire des grippes qui ont sévi sur l'Europe aux derniers siècles, pour voir que les symptômes qu'on observe actuellement sont bien ceux de la grippe telle que la décrivaient les auteurs épidémiologistes, et non telle qu'on la décrit aujourd'hui, où l'on a changé complètement le sens primitif du mot. »

D'après M. Rochard, la grippe que nous observons actuellement est la même que celle que nous avons eue en 1837. La dengue est caractérisée par une éruption presque constante ; elle s'accompagne de courbature et de douleurs articulaires si terribles, qu'elles arrachent des cris aux malades. Or, on ne remarque pas ces symptômes dans l'épidémie actuelle. Il serait, du reste, étonnant que la dengue fût parvenue si rapidement dans notre pays. M. Rochard en conclut que nous avons affaire à la grippe.

M. Colin la différencie nettement de la grippe à cause de sa rapidité d'expansion. « La dengue, dit-il, originaire des régions inter-tropicales, s'est toujours éteinte, dans ses expansions épidémiques, aux latitudes méditerranéennes ; elle n'aurait pénétré dans nos climats, si elle avait pu y accéder en hiver, que par Marseille ou par notre littoral méditerranéen ; analogue aux autres maladies transmissibles d'homme à homme, elle aurait subordonné sa marche à la rapidité des moyens de transport, s'arrêtant devant la mer et devant les déserts. »

Pour M. Dujardin-Beaumetz, il est possible que la grippe que nous observons ne soit qu'une forme spéciale à notre climat de la dengue des pays chauds.

M. Bucquoy constate que la grippe qu'il observe dans un collège ne ressemble en rien aux grippes qu'il a pu voir jusqu'ici. « Dans les grippes que j'ai observées autrefois, dit-il, il y avait du catarrhe, de la toux et de la fièvre. C'étaient des grippes simples et classiques. Or, dans l'épidémie actuelle, j'ai noté un certain nombre de symptômes qui diffèrent de la grippe ordinaire. Il y a huit jours, je n'avais pas un seul malade à l'infirmerie ; le lendemain matin, 25 ou 30 élèves sont venus se plaindre d'avoir été pris dans la journée de la veille d'un mal de tête assez fort, de faiblesse dans les jambes et de douleurs musculaires et articulaires, principalement au niveau des genoux. La face était tantôt pâle et tantôt rouge, suivant que les petits malades avaient ou non de la fièvre. Aucun symptôme du côté du nez ou de la gorge. Cependant, les bords du voile du palais étaient sensiblement rouges, et le lendemain la rougeur s'étendait à tout le voile. J'ai observé également un rash, apparent surtout au niveau de la poitrine. Cette éruption était tantôt scarlatiniforme, tantôt d'une rougeur moins vive, et tantôt enfin d'une teinte légèrement rosée. Presque toujours, la rougeur du voile du palais était l'indice de l'éruption cutanée. J'ai fait garder le lit à ces enfants, et la fièvre a disparu du deuxième au troisième jour. Chez beaucoup, la convalescence est déjà complète, l'appétit est revenu ainsi que l'aptitude au travail. Cette épidémie de grippe ne me semble donc pas identique à celle de 1837 ; car ceux qui en sont atteints n'ont pas de catarrhe, et la convalescence ne présente pas d'accidents, lorsque les malades ne commettent pas d'imprudence.

D'autre part, je suis frappé de voir deux épidémies se rejoindre ainsi : l'une, l'influenza, venant du Nord ; l'autre, la dengue, venant du Midi ; car ces deux maladies se répandent avec une rapidité extrême ; l'une, la dengue, dans l'Asie-Mineure et dans le Sud de la Russie ; l'autre, l'influenza, à Saint-Pétersbourg, cette dernière presque identique à la première. N'y a-t-il pas là une raison suffisante pour dire que c'est de la dengue et non de la grippe qu'il s'agit en ce moment, mais de la dengue modifiée par son passage dans les pays du Nord ? »

M. Le Roy de Méricourt déclare que la dengue n'a rien de commun avec la grippe ; il y a d'abord une prostration énorme ; les prodromes sont tellement intenses, que dans les pays à fièvre jaune, on a souvent pris la dengue pour un commencement d'épidémie de fièvre jaune. Au bout de 48 heures de fièvre très ardente, de douleurs violentes, surtout dans les genoux, survient une première éruption, toujours à la face postérieure des membres. Il y a une descente considérable du pouls, puis, au bout de très peu de temps, l'éruption disparaît Bientôt après se montre une nouvelle éruption papuleuse ou pustuleuse, que des médecins ont pu confondre soit avec de la scarlatine, soit avec un commencement de variole. Ces éruptions se terminent par une desquamation que ne présente pas l'épidémie actuelle. Il peut survenir ensuite des complications très graves. Les malades présentent une lassitude, une faiblesse qui les obligent à rester dans l'inaction. On appelait cette fièvre, à la Réunion, fièvre rouge ou fièvre chinoise, parce qu'on accusait les Chinois de l'avoir apportée quelque temps après l'émancipation des esclaves. On lui donne également le nom de fièvre polka ou de fièvre skottish, parce que les malades souffrent tellement qu'ils ont l'air de danser quand ils marchent. On la nomme aussi, pour la même raison, dandy fever dengue. Pour ce qui est de l'épidémie actuelle, elle ne présente en rien les symptômes de la dengue. »

En voyant les malades atteints présenter, les uns des éruptions et peu de catarrhe, les autres des phénomènes catarrhaux, M. Chauffard (Soc. méd. des Hôp.) se demande s'il y a là deux épidémies superposées, la grippe et la dengue? Il croirait plus volontiers qu'il s'agit de deux types : le type arthralgique-myalgique et scarlatiniforme et le type fluxionnaire d'une même maladie.

En résumé, il est bien difficile de diagnostiquer l'influenza de la grippe et de la dengue, car, on le voit, malgré les communications nombreuses faites par les maîtres les plus autorisés, la question reste encore en suspens de savoir s'il s'agit de maladies différentes ou si nous n'avons à faire qu'à une seule et unique maladie, modifiée simplement dans ses allures par le climat sous lequel elle se développe.

Pronostic.

Le pronostic, qu'on avait d'abord considéré comme très bénin, ne tarda pas à paraître plus sérieux, au moins dans les grandes villes. Dès le 17 décembre 1889, M. Ollivier disait, à l'Académie, qu'il avait déjà observé chez certains enfants des accidents thoraciques et en particulier une bronchite diffuse.

Dans la séance suivante, M. le professeur Germain Sée faisait observer que les malades, s'ils ne prennent pas de précautions suffisantes, s'exposent à contracter une bronchite capillaire, une broncho-pneumonie ou même une pneumonie franche assez souvent mortelle. « La mortalité, ajoute-t-il, s'observe surtout lorsqu'il s'agit de personnes atteintes déjà soit du côté des bronches, soit du côté du cœur. »

La mortalité, effectivement, n'avait jamais été aussi élevée à Paris, puisque progressivement (*Sem. méd.*, 1890, p. 5) elle a augmenté pour atteindre, le 30 décembre, le chiffre de 450, tandis qu'elle n'est à pareille époque que de 150 à 180. Il en a été de même à Berlin, à Madrid, etc. A Copenhague, la mortalité a plus que doublé, puisqu'elle est de 30, tandis qu'en temps ordinaire elle ne dépasse pas 12.

D'après Nothnagel, l'influenza, bien que n'étant pas une maladie grave (Soc. império-roy. de Médecine de Vienne), peut devenir dangereuse par les bronchites capillaires et les pneumonies capillaires qui la compliquent, et qui sont souvent mortelles chez les enfants, les vieillards et les personnes débilitées.

Enfin, voici le rapport de M. le professeur Proust (*Journal Officiel*, 31 décembre 1889) : « Dans l'épidémie de 1733, la maladie fit périr un très grand nombre de vieillards, de phthisiques indigents et d'autres personnes affaiblies par les maladies. Dans l'épidémie de 1743, il ne mourut guère que des sujets vieux ou affaiblis par des maladies graves, ou ceux chez lesquels une disposition fâcheuse avait permis le développement d'une pneumonie, ou quelques enfants atteints d'affections pulmonaires (Huxham). »

Pour moi, les cas que j'ai observés ont été remarquablement bénins, en ce sens que je n'ai pas eu à enregistrer un seul cas de mort causée par l'influenza, mais la convalescence est souvent longue et pénible.

Traitement.

Le traitement doit être tout d'abord prophylactique, si l'on admet avec nous la contagiosité de l'influenza ; et si, dans les casernes, les collèges, les pensionnats, etc., ou même simplement dans les familles nombreuses, on avait immédiatement isolé les sujets malades des autres, la maladie ne se serait probablement pas aussi généralisée.

En premier lieu, par conséquent, mesures prophylactiques, surtout dans les grands centres où, nous l'avons dit, l'influenza a été souvent grave.

Quant à la thérapeutique, c'est la thérapeutique des symptômes. L'antipyrine m'a merveilleusement réussi, et l'administration, au début, de 2 grammes d'antipyrine, suffisait pour faire disparaître la céphalée et calmer la myalgie.

Les purgatifs auxquels le malade attache tant d'importance ne doivent être ni prescrits, ni repoussés d'une façon systématique ; là, comme toujours, il faut l'œil éclairé d'un homme de l'art, pour pouvoir juger quel est l'état des voies digestives, et décider de l'opportunité d'une purgation.

Quant au traitement des complications, c'est le traitement approprié à chacune de ces maladies prises isolément.

Mais le point sur lequel nous voulons surtout insister et qui constitue la partie la plus importante du traitement, c'est l'hygiène ; il est d'absolue nécessité de maintenir les malades dans une température douce et égale, de leur défendre de sortir trop rapidement, sans quoi ils s'exposent presque à coup sûr à des rechutes ou à des complications, et tel, pour être sorti avant d'en avoir reçu l'autorisation, a vu se déclarer chez lui une pneumonie, une bronchite capillaire, une broncho-pneumonie qui a mis ses jours en danger, parfois même a terminé sa vie !

BIBLIOGRAPHIE

ANDRAL. Cours de pathol. int., t. I, p. 321.
ANTONY. Soc. méd. des hôpit., 16 févr. 1890.
BARREY. Ann. de la Soc. de Médec. de Montpellier, t. II, p. 305.
BARTHE. Grippe à bord de la Sybille. Gaz. méd. Paris, 1858.
BARTHÉLEMY. Congrès de dermatologie. Paris, avril 1890.
BAUMLER. Congr. de médec. int. de Vienne, avril 1890.
BECCARIA. Ephém. des curieux de la nat., t. III, obs. 48.
BIERMER. Influenza, Grippes, etc. V. Erlangen, 1864.
BLANC. De la nat. contag. de la grippe. Union médic., 1860.
BOUCHARD. Acad. de Médec., décembre 1889 et janvier 1890.
BOUILLAUD. Acad. de Médec., 14 févr. 1837.
BOURGOGNE. Traitement de la grippe. Gaz. hôp., 1847.
BROCHIN. Gaz. hôp., 1858, 1867, 1870, 1871.
BROUARDEL. Acad. de Médec., 1889-90.
BRUNON. Rapport à la Soc. de Médec. de Rouen, 1890.
BUCHNER. Diss. de febre-catarrh., etc. Erford, 1742.
BUCQUOY. Mouvem. médic., 1875; Acad. de Médec., 1890.
CAIZERGUES. Rapport sur l'épidém. vulgairem. connue sous le nom de grippe. Montpellier, 1841.
CAMPBELL. Mém. of the médic. Soc. of London, t. VI, p. 405.
CARRIÈRE. La grippe et son véritable caractère. Union médic., 1864.
CHANTEMESSE. Soc. méd. des hôp., janv. 1890.
CHAUFFARD. Constitut. médic. de l'année 1862. Archiv. de méd., 1862.
CLAUDOT. Grippe à Strasbourg en 1837. The Strasbourg, 1837.
COLIN. Acad. de Médec., 1890.
COMBY. Soc. méd. des hôp., févr. 1890.
COPLAND. A Dict. of pract. méd. art. influenza, t. II, p, 427.
COPLAND. Formes, complications, causes and treatment of bronchitis. London, 1866.

CORNARIO. Observationum medicinal, in-4°, chap. VI, p. 11.
D'ESPINE. Grippe à Genève en 1848. Gaz. médic. Paris, 1848.
DIETRICH. Die Influenza, etc. Leipzig, 1837.
DIETRICHSON. Kaurin, Thoresen, Norsh Magaz. f. Lageswitsk, B III. 1873.
ERHMANN. Diss. de morbo-catarrho hoc anno inter nos epidem. Strasbourg, 1762.
ESCHERICH. Die Influenza ein epidemishes katarrhalfieber. Wurtzbourg, 1833.
ETIENNE PASQUIER. Recherches de la France. Paris, 1643, liv. IV, chap. XXVIII.
EWALD. Soc. de Médec. int. de Berlin, 6 janv. 1890.
FACEN. Del morbo grippe che domina oggidi. Ann. univ. di medic., 1858.
FAUCONNET. Notes sur les causes de la grippe, étudiée comme endémie propre à la ville de Lyon. Gaz. médic. Lyon, 1858.
FERRIER (Edmond). Th. Paris, 1858.
FORESTUS. Obs. et curat. lib. VI, obs. 1 et 2.
FORGET. Gaz. médic. Strasbourg, 1858.
FOTHERGILL. Mem. of the medic. soc. of London, t. III, p. 30.
FURBRINGER. Soc. de Médec. de Berlin (10 déc. 1889).
FUSTER. Monograph. clin. de l'affection catarrh. Montpellier, 1861.
GAUCHER. Soc. méd. des hôp., mars 1890.
GAUDET. Rech. anatom. pathol. pour servir à l'histoire de la grippe à Paris. Gaz. médic. Paris, 1833.
GASC. Ann. de la Soc. de Médec. de Montpellier, t. VIII, p. 93.
GINTRAC (E.). Etude des principales épidém. de grippe. Bordeaux, 1837.
GINTRAC (H.). Art. Grippe in Nouv. Dict. de Médec. et de Chir., t. XVI. Paris, 1873.
GIVELLI. Annali univ. di medic. d'Omodei, déc. 1837.
GLEISBERG. Typhus und influenza. Leipzig, 1862.
GLUGE. Die influenza oder Grippe nach den Quellen hist. path. dargestellt. Minden, 1837.
GOURAUD. Journal des conn. médic. chir., 1837.
GOELICH. Diss. de febre catarrh. nunc epidem. Grassante. Frankfort, 1741.

GRANARA. Della grippe dominante in Genova nel gennajo, 1858 (Ann. univ. di medic.),
GRAVES. Leçons de clin. médic. Trad. et notes de Jaccoud, 1862.
GUBIAN. Hist. de la grippe à Lyon. Lyon, 1837.
GUÉRIN (Jules). Remarq. sur la grippe. (Gaz. médic., 1851).
HANDFIELD-JONES. On a case of influenza, etc. Brit. med. journ., 1870.
HEBERDEN. Med. obs. and inquiry, t. VI.
HERTWIG. Magaz. f. d. ges. Thierheilkunde, 1854.
HIARD, De la grippe de 1837. Saint-Sever, 1837.
HIRSH. Soc. de médec. int. de Berlin. Déc. 1889.
HJALTELIN. On the epidemic influenzas of Iceland especially the last one of 1862. Edinb. med. journ., 1863.
HOLZ. Soc. de médecine int. Berlin, 1890.
HOURMANN. Archiv. génér. de médec., 9ᵉ série, t. XIII, p. 328.
HUCHARD. Soc. méd. des hôp. Janvier et mai 1890.
HUXHAM. Obs. de aere et morbo epidem. London, 1752, t. I, p. 79.
INGRASSIA. Informazione del pestifero morbo, etc.
JACCOUD. Traité de pathol. int. et Acad. de Médec., 1890.
JOFFROY. Soc. médic. des hôp., 28 mars 1890.
JUCK. Diss. de febre catarrh., etc. Erford, 1743.
KLEIST. Soc. de médec. int. Berlin, 1889.
LANDAU. Archiv. génér. de médecine, 9ᵉ série, t. XIII, p. 445.
LANDOUZY. Mémoire sur la grippe, 1837.
LEARED. Hémoptysie dans la grippe. Gaz. médic. Lyon, 1862.
LEGRAND. Gaz. médic. Paris, 1837.
LEGRAND. Sur la grippe. Paris, 1860.
LEPECQ DE LA CLOTURE. Maladies épidém., 1767.
LEPELLETIER. Acad. roy. de Médecine, 14 févr. 1837.
LEROY. Etude sur la grippe. Th. Paris. 1870.
LEVICK. Remark on the epidemic influenza of 1861 et 1863 (Hay's Americ. journ., 1864).
LEYDEN. Soc. de médec. int. de Berlin, janv. 1890.
LOEW. Ephém. des cur. de la nat., t. III. Append., 78.
MALCORPS. La grippe et ses épidémies. (Mém. présentés à l'Acad. de Médecine de Belgique, 1873).
MARTINY. Die Influenza oder Grippe, ein contagios. epidem. Krankheit. Weimar, 1835-1841.

Mauricheau-Beaupré. Hist. de l'épidémie de grippe qui a régné à Calais. Calais, 1837.
Maynee. Ann. de la Soc. de Méd. de Montpellier, t. XXVI, p. 209.
Mayor. Mém. de la Soc. de Méd. de Gênes, t. II.
Mérat. Th. Paris, 1851.
Mercatus. De intern. morb. curat., lib. I, p. 143.
Mertens. Febris catarrh. epidem., 1862. Viennæ observata in Observ. med., t. II, p. 1.
Meyer. Die Influenza oder Grippe des Jahres. Postdam, 1833.
Mézeray. Abrégé chron. de l'hist. de France. Amsterdam, 1696.
Mojon. Gaz. médic. Paris, 1837.
Most. Influenza europœa oder die Grosste Krankleits Epidemic der neueren zeit. Hamburg, 1820.
Moutain. Grippe à Lyon. Gaz. médic. Paris, 1837.
Moutard-Martin. Grippe à l'hôpital Beaujon. Gaz. hôp., 1867.
Nacquart, Archambault, Reverdy, Bullet. Acad. de Médec., 1836-37.
Nonat. Archiv. génér. de médec., 9ᵉ série.
Nothnagel. Soc. de Médec. de Vienne (janv. 1890).
Nougaret. Gaz. hebdom., 1858.
Ollivier. Acad. de médec., 17 déc. 1889.
Ozanam. Hist. médic. des épidém., t. I, p. 95.
Parkes. Influenza (System. of medicine edited by R. Reynolds, t. I. London, 1866.
Peacock. The influenza or epidem. catarrh. fever of 1847. London, 1848.
Pearson. Observ. ou the present catarrh fever. London, 1803.
Perkins. Hist. de la Soc. roy. de Méd. de Paris, 1776, t. I, p. 206.
Pétrequin. Gaz. médic. Paris, 1837, n° 51.
Peu. Pratiq. des accouchem., n° 59.
Piorry. Caract. distinct. des pneumonies pendant l'épidémie de grippe. Gaz. méd. Paris, 1837.
Prieur. Grippe de Poitiers en 1837. Poitiers, 1837.
Prion. Gaz. médic., 1ᵉʳ avril 1837.
Proust. Acad. de Médec., 1889-90.
Py. Ann. de la Soc. de Médec. de Montpellier, p. 301.
Radius. De influentia morbo. Lipsiœ, 1833.
Raige-Delorme. Dict. de Méd., art. Grippe, t. XIV, p. 305.

Razoux. Mémoire sur les rhumes épidém. in Journ. de Roux. Paris, 1763, t. XVIII, p. 112.

Reboullet. Rapport sur la grippe qui a régné à Strasbourg. Paris, 1838.

Récamier. Acad. de Méd., 14 févr. 1837.

Remak, Soc. de Médec. de Berlin, 29 janv. 1890.

Renault. Mém. sur une épid. de grippe. Acad. de Méd., 1847-48.

Reynolds. Mem. of the medic. Soc. of London, t. VI, p. 340.

Richelot. Archiv. génér. de médec., 9e série, t. VII, p. 328, et Presse médic., févr. 1837.

Rivière. Opera omnia. Lyon. 1663, p. 136.

Rolffs. Das epidem. Katarrh. Fieber auch die Grippe und influenza genannt. Koln, 1833.

Rossem. De catarr. epidem. Lugd. Batat, 1840.

Saillant. Tableau histor. et raisonné des épidém. catarr. Paris, 1780.

Salius-Diversus : de Febre pestilenti tractatus. Harderwich, 1656, p. 66 et 67.

Sandras. Nature et traitem. de la pneumo-bronchite épidém. qui a accompagné la grippe. Bullet. thérap., 1837.

Sandras et Landouzy. Journ. des conn. médico-chirurg., 1837.

Sansonius. Mercurius gallo-belgicus, t. I, liv. IV.

Sauvages. Nosol, t. I, p. 486.

Schaller. De la grippe ou catarrhe paludéen. Gaz. méd. de Strasbourg, 1858.

Scheucker. Ephém. des cur. de la Nature, IV. Append., ob. IV.

Schurrer. Chron. der Seuchen, th. II, p. 274.

Schweich. Die Influenza. Berlin, 1836.

Sée (Germain). Acad. de Médec., déc. 1889.

Seitz. Catarrh. und Influenza. München, 1869.

Senac-Lagrange. De l'épuisement dans les états morbides et principalement dans la fièvre catarrh. Th: Paris, 1872.

Sennert. De abditis rerum causis, lib. II, cap. 12. 1510.

Sigonowitz. Mittheilungen über das, in Fruhjar 1833 in Danzig herrschende epidemishe Katarrhal fieber ; in Rust's Mag. bd. XL, th. I, s. 56.

Spengler. Gesammelte medic. Abhandlungen, Wetzlar, 1858.

Spowish. Idea medici. Francfort, 1582, p. 102.

THOMSON. Mem. of the med. Soc. of. London, t. VI, p. 402.
THOMSON (Th.). Annals of influenza (Sydenham Society, 1862).
TOULMOUCHE. Epidém. de la maison centrale de Rennes en 1837. Gaz. médic. Paris, 1837.
VAILLARD. Soc. médic. des Hôp., 24 janv. 1890.
VALLERIOLA. Soc. méd. comm. Append., cap. 2.
VARIN. Ann. de la Soc. de Médec. de Montpellier, t. XXXIII, p. 313.
VAN DEN BUSH. Hufeland's Journal, 1834.
VINCENT. Des différentes formes de la grippe. Th. Paris, 1867.
VIGLA. Archiv. génér. de médec., 9ᵉ série, t. XIII, p. 235.
VON FRANQUE. Die epidemishen Katarrh Fieber, etc. (Nassauer med. Jahrb, 1863).
VON HOLBECK. La grippe et son traitem. Ann. de la Soc. de Médec. d'Anvers, 1861.
ZACCHIA. Quæst. med. leg., lib. III, tit. 3.
ZACUTUS LEUSITANUS. Opera. Lyon, 1649, t. I, p. 919.
ZLATAROWITCH. Geschichte des epidem. Katarrh's, etc. Wien, 1834.
ZUELZER. Influenza. Leipzig, 1874.
WARD. Transactions of the medic. Soc. of Calcutta. Calcutta, 1833.
WEBSTER. Report of an epidem. of influenza. Boston med. and surg. journ. 1871.
WIER. Opera. Amsterdam (660, p. 778).
WILLIS. Opera omnia. Amsterdam, 1682 de Febribus, cap. 7, t. I, p. 143.
WOODBURRY. Philadelphia med. Times, 1872.
WYTE. Mem. of the med. Soc. of. London, t. VI, p. 383.

DU MÊME AUTEUR.

———

De l'Hémoglobinurie. — Paris, 1889. Lecrosnier et Babé.

www.ingramcontent.com/pod-product-compliance
Lightning Source LLC
Chambersburg PA
CBHW070442080426
42451CB00025B/1244